© Casterman 2007
Maquette : Céline Julien.

Imprimé en Italie. Dépôt légal : août 2007 ; D.2007/0053/507.
Déposé au ministère de la Justice, Paris
(loi n° 49.956 du 16 juillet 1949 sur les publications destinées à la jeunesse.)

Tikiko

à la piscine

Auteur-Illustrateur: Ange Andrianavalona
Texte: Orianne Lallemand

casterman

Tralala ! Tralala ! Ce matin, Tikiko est tout en joie.
Devinez quoi ? Aujourd'hui, il va à la piscine avec Papa !

– Tikiko, on y va ! appelle Papa.

Mais… tu veux vraiment emporter

tout ça ?

À la piscine, Tikiko choisit un casier pour ranger ses affaires, le numéro 3, comme son anniversaire !

– Je suis prêt ! J'ai gagné ! C'est moi le premier ! crie Tikiko.

– Vraiment ? Tu es sûr de n'avoir rien oublié ? dit Papa en riant.

– Oh, comme c'est bleu, comme

c'est beau ! dit Tikiko. Est-ce que

je peux sauter ?

Avec sa bouée, il n'a pas peur de l'eau.

– D'accord, petit poisson, dit Papa.

Attention, prêt, feu, partez !

Tikiko se repose au bord de la piscine,
quand soudain, quelque chose lui
attrape la main !
– Bonjour ! Je suis un cachalot,
voulez-vous faire une promenade
sur mon dos ?
– En avant, mon cachalot ! dit Tikiko.

Au milieu du petit bassin, Tikiko s'amuse

comme un fou. Il fait le pingouin,

le dauphin et même le sous-marin !

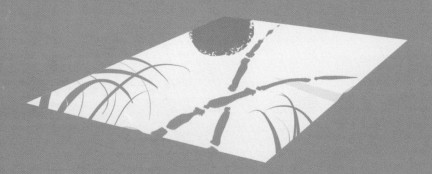

Et bidiba et bidi… BOUH !

– Mais qu'est-ce que c'est que ça ?

Il pleut maintenant ? crie Papa.

– C'est moi ! dit Tikiko.

C'est déjà l'heure de partir.

À la douche, Papa transforme Tikiko

en petit bonhomme de mousse !

– Dis, Papa, on reviendra bientôt ?

– Très vite, mon Tikiko !

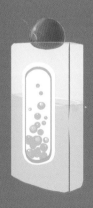